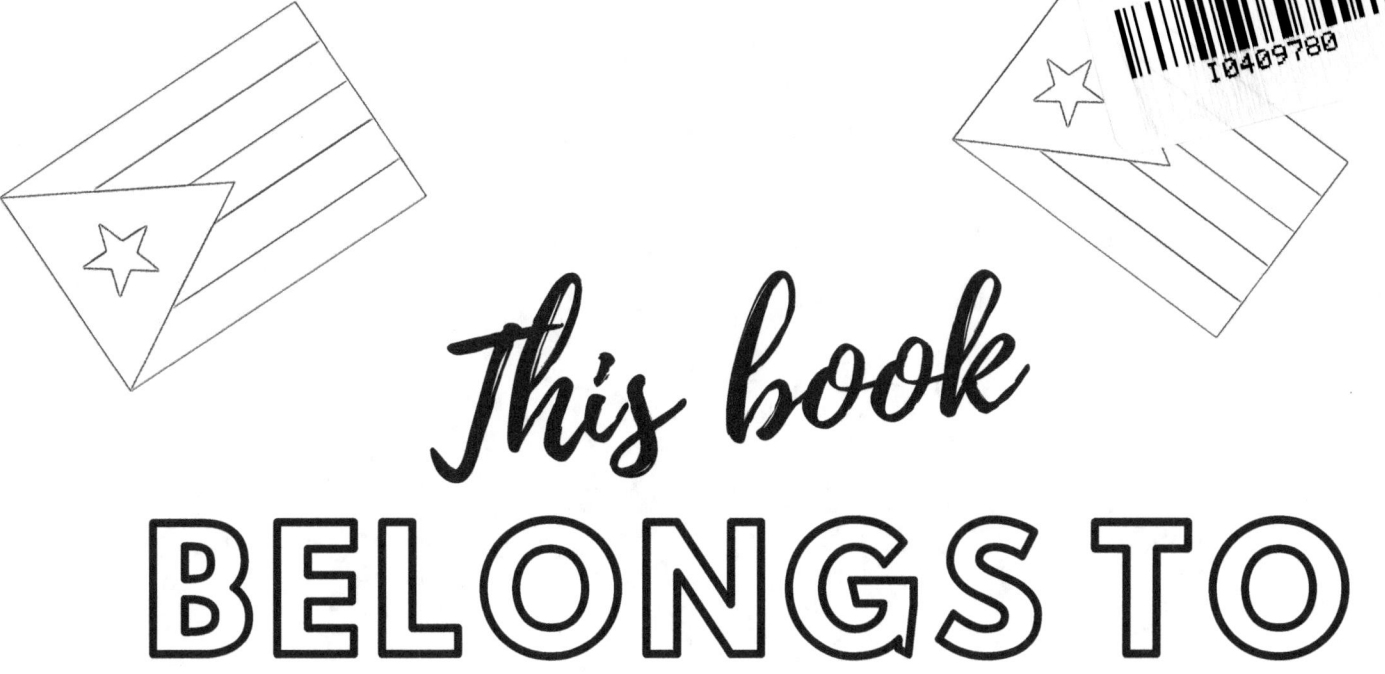

This book
BELONGS TO

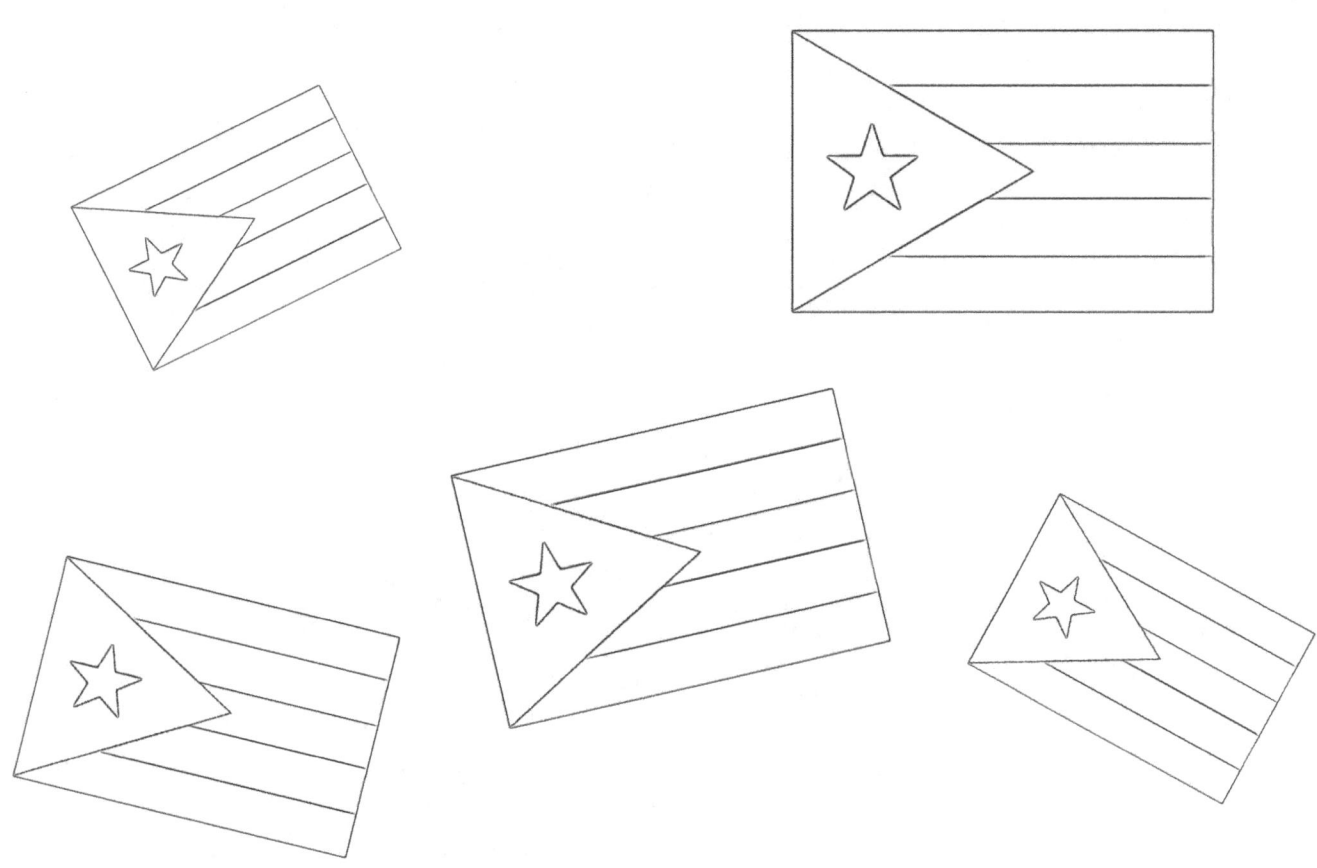

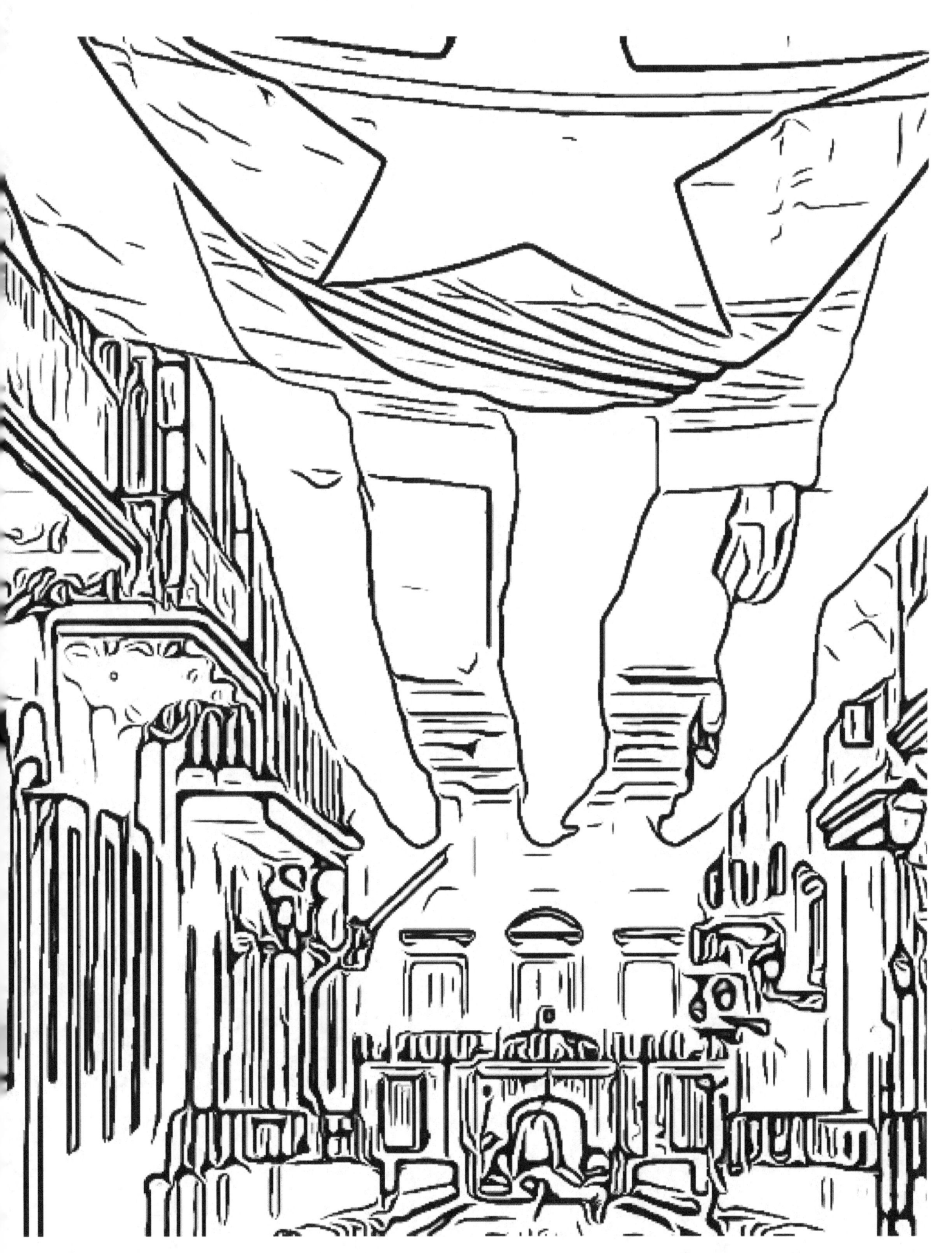

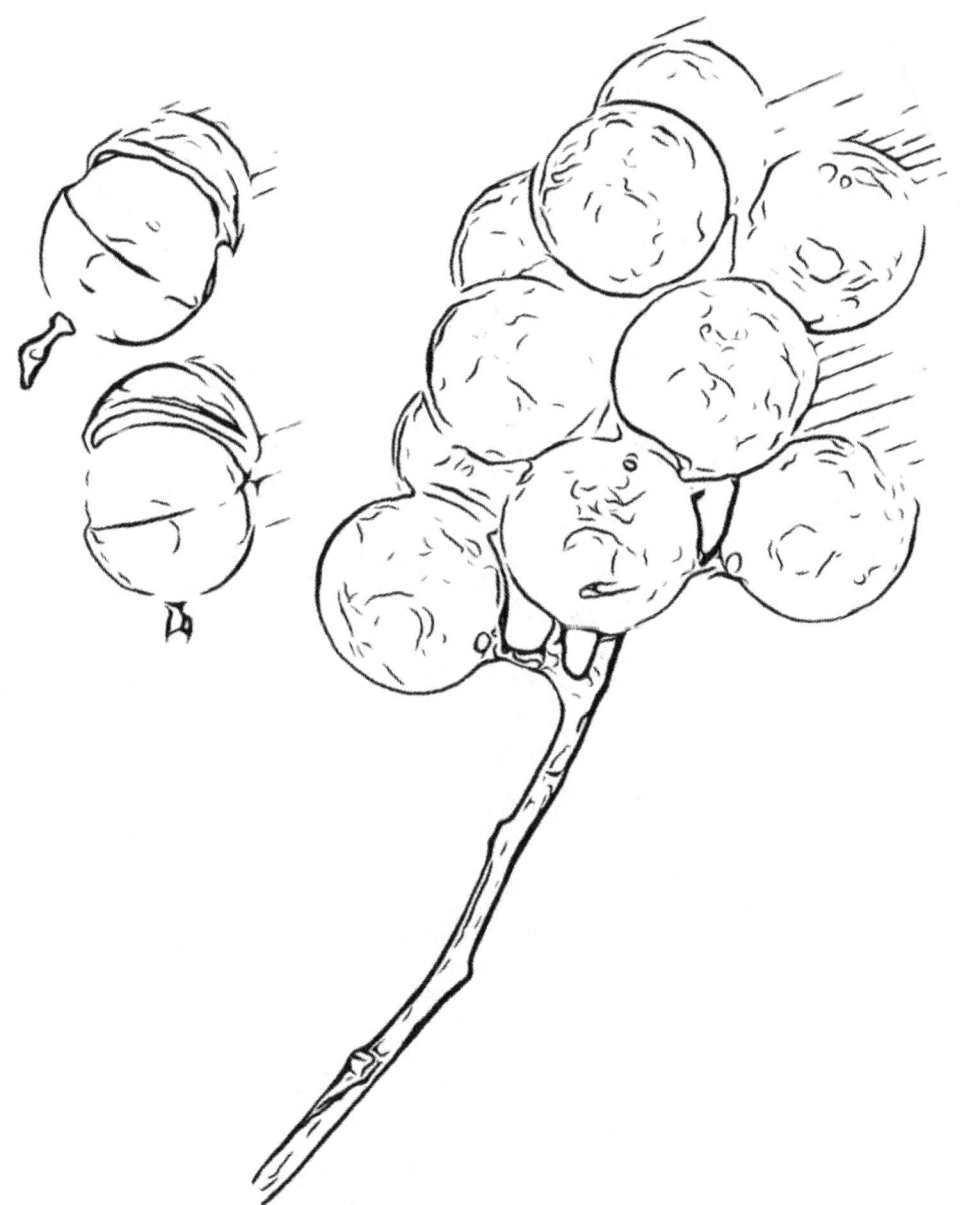

QUENEPAS

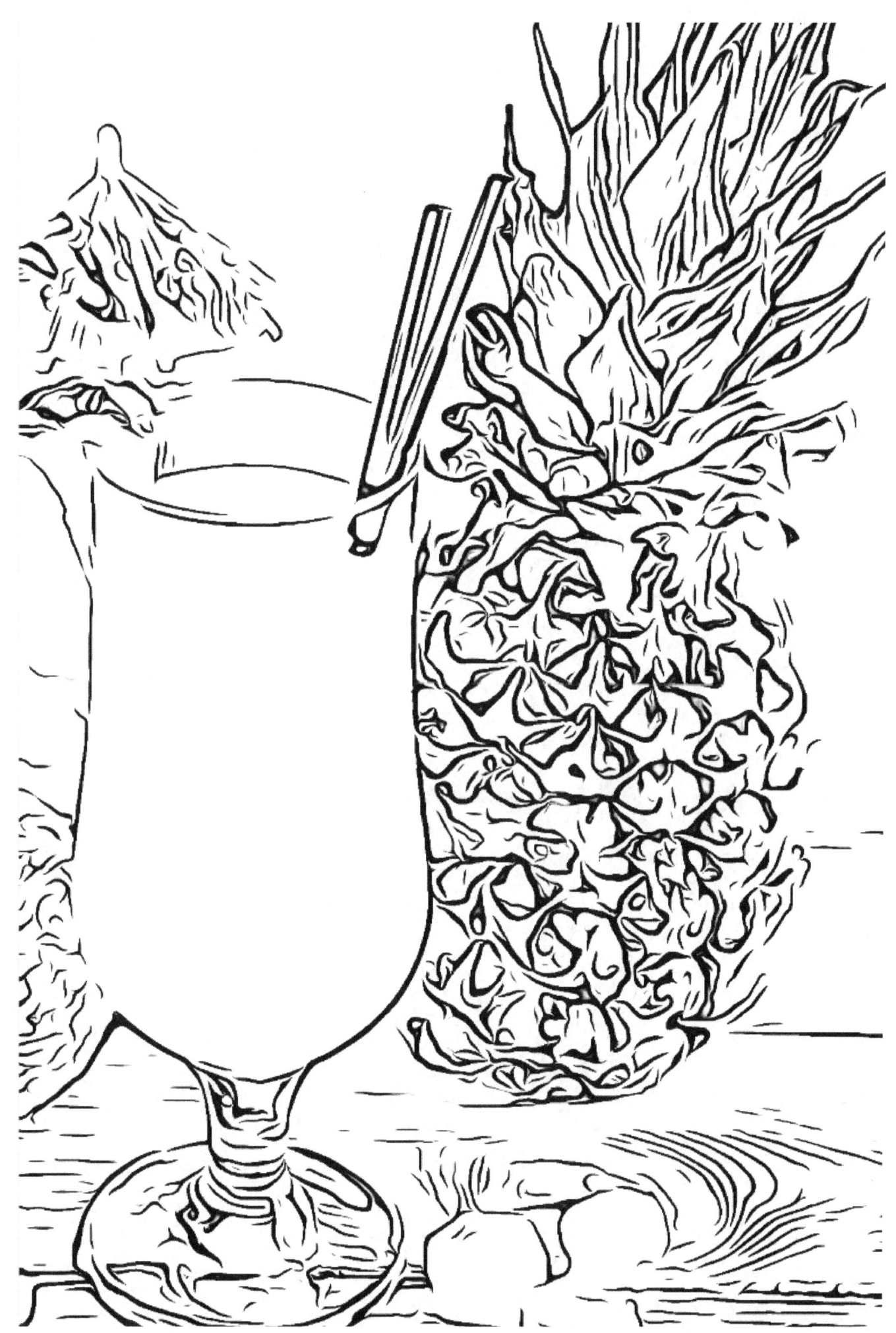

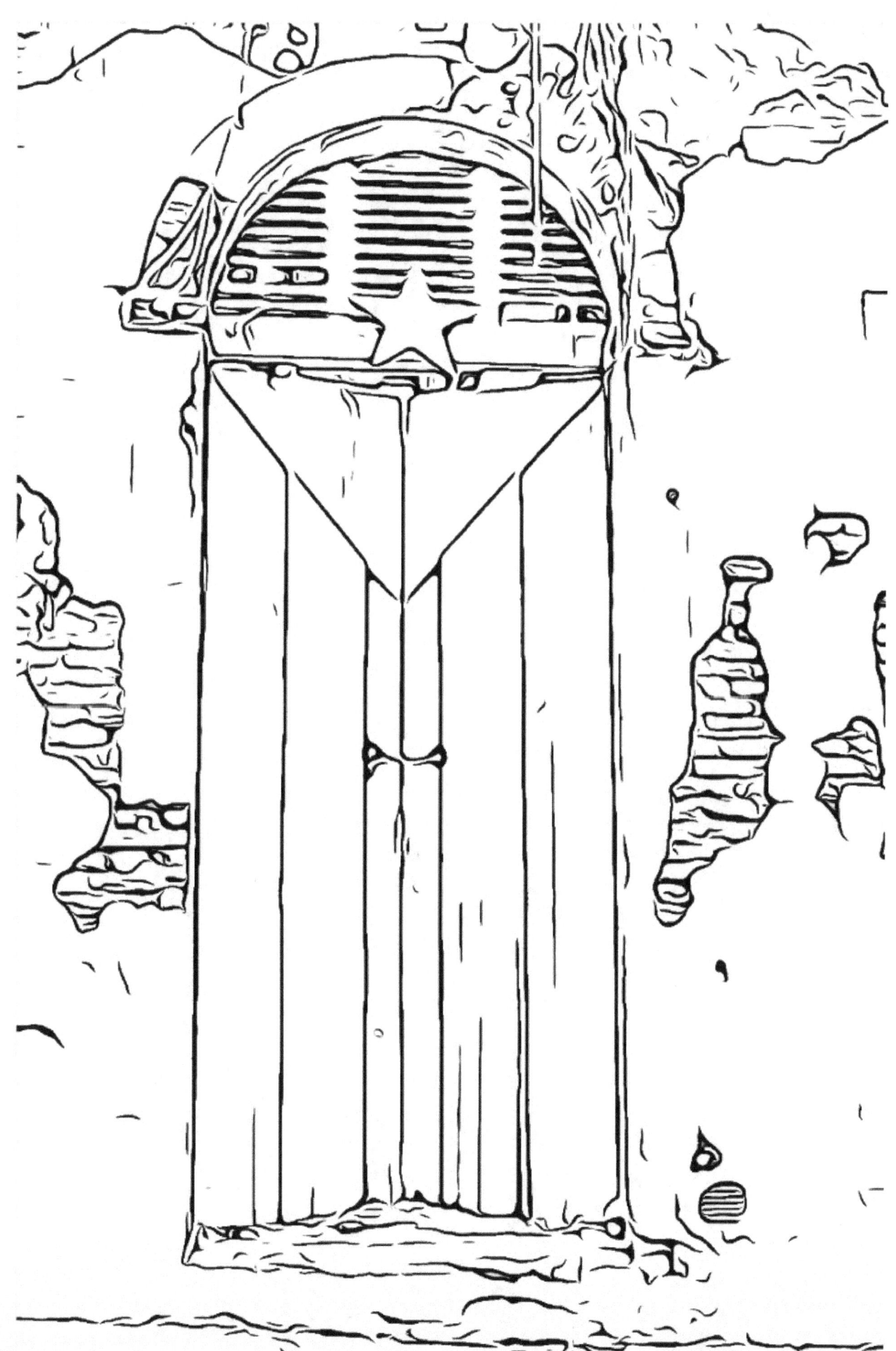

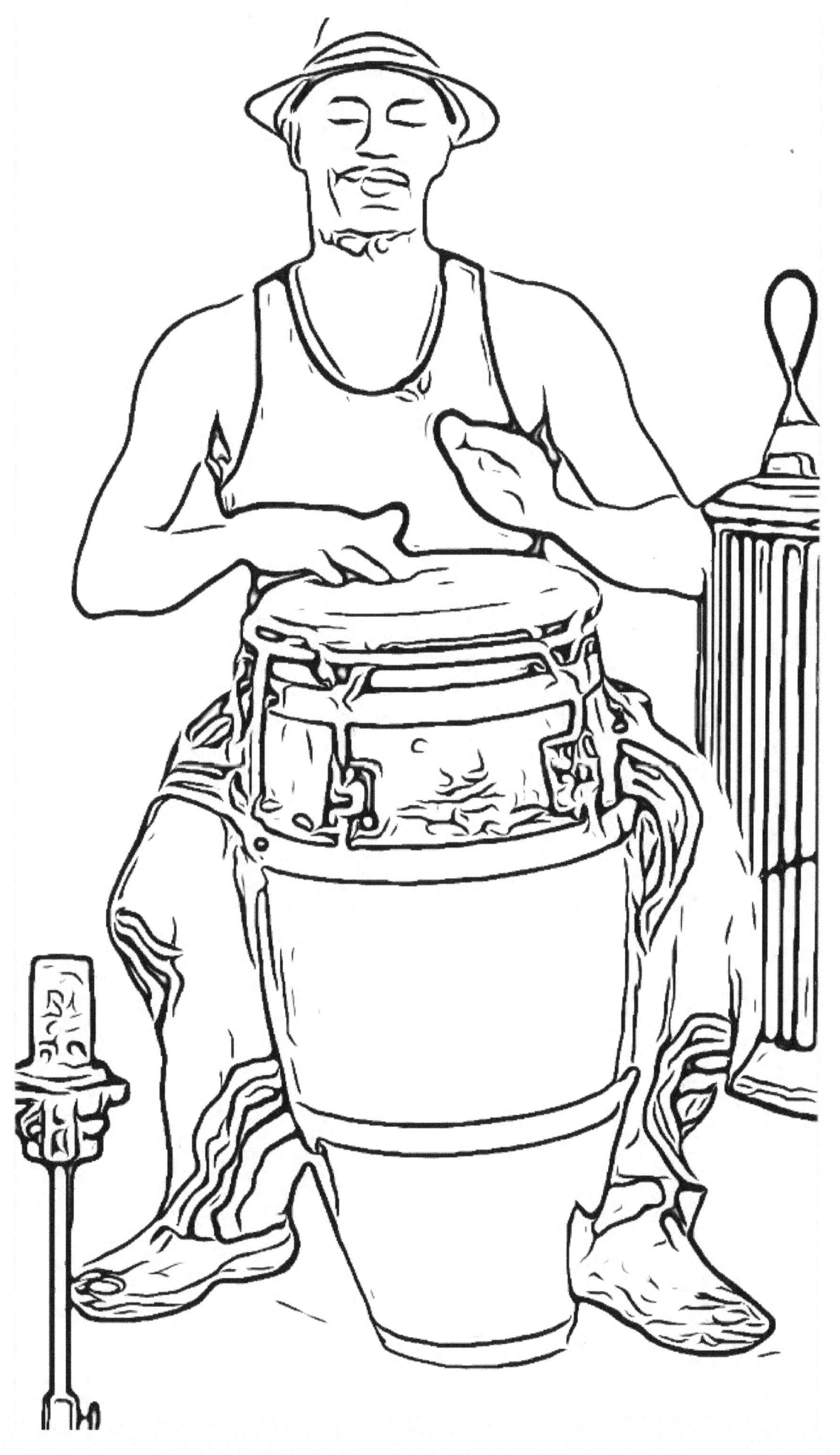

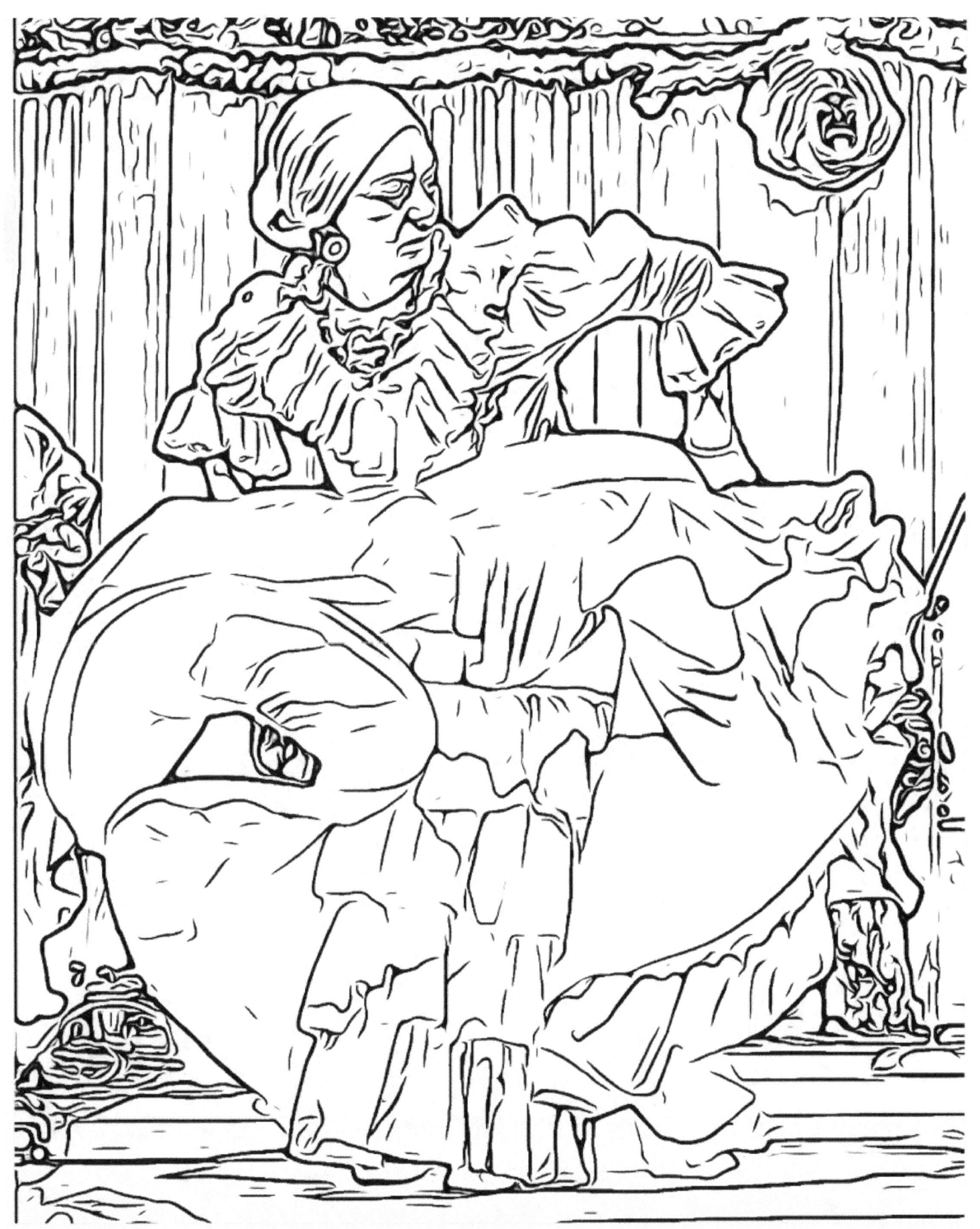

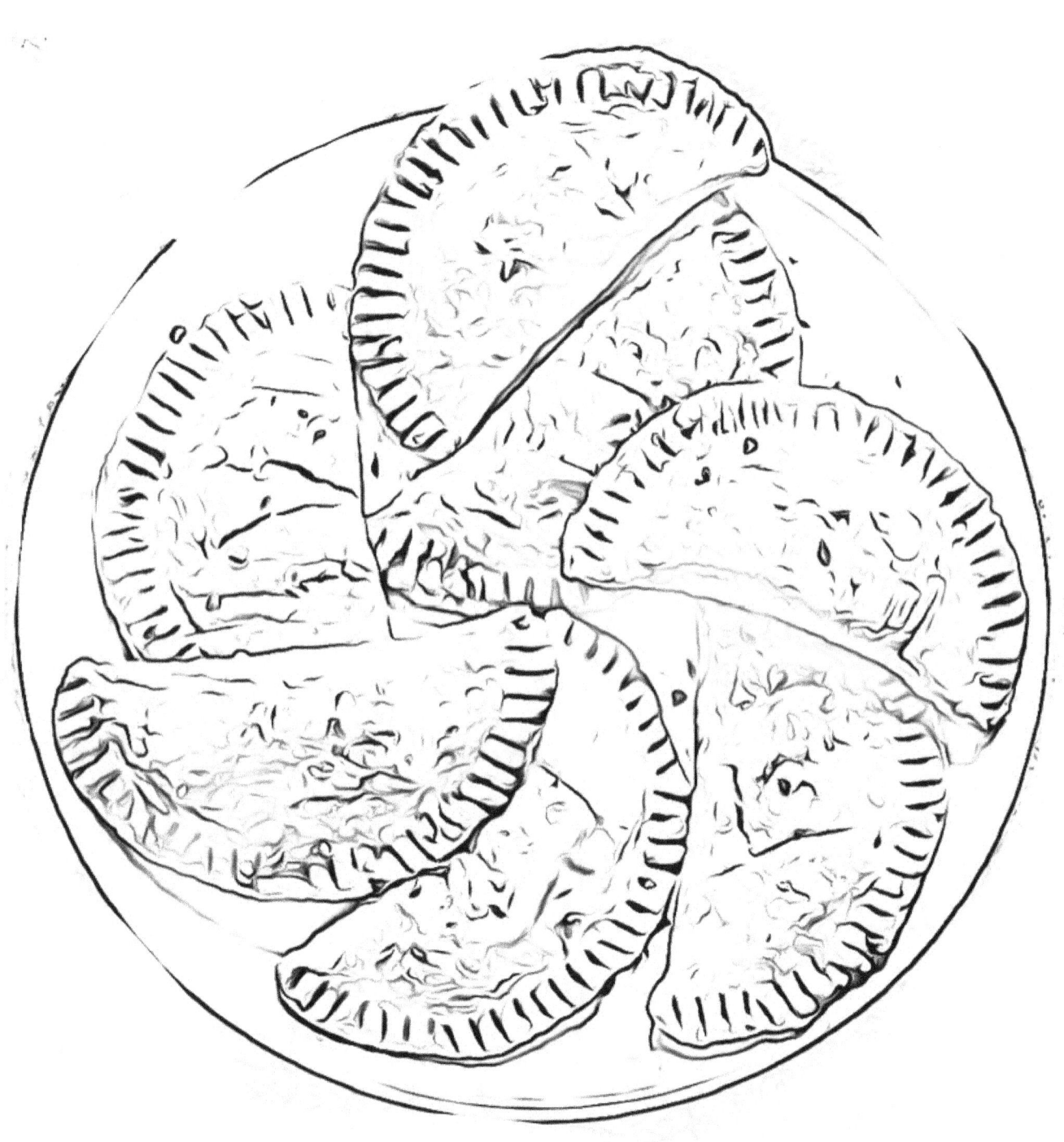

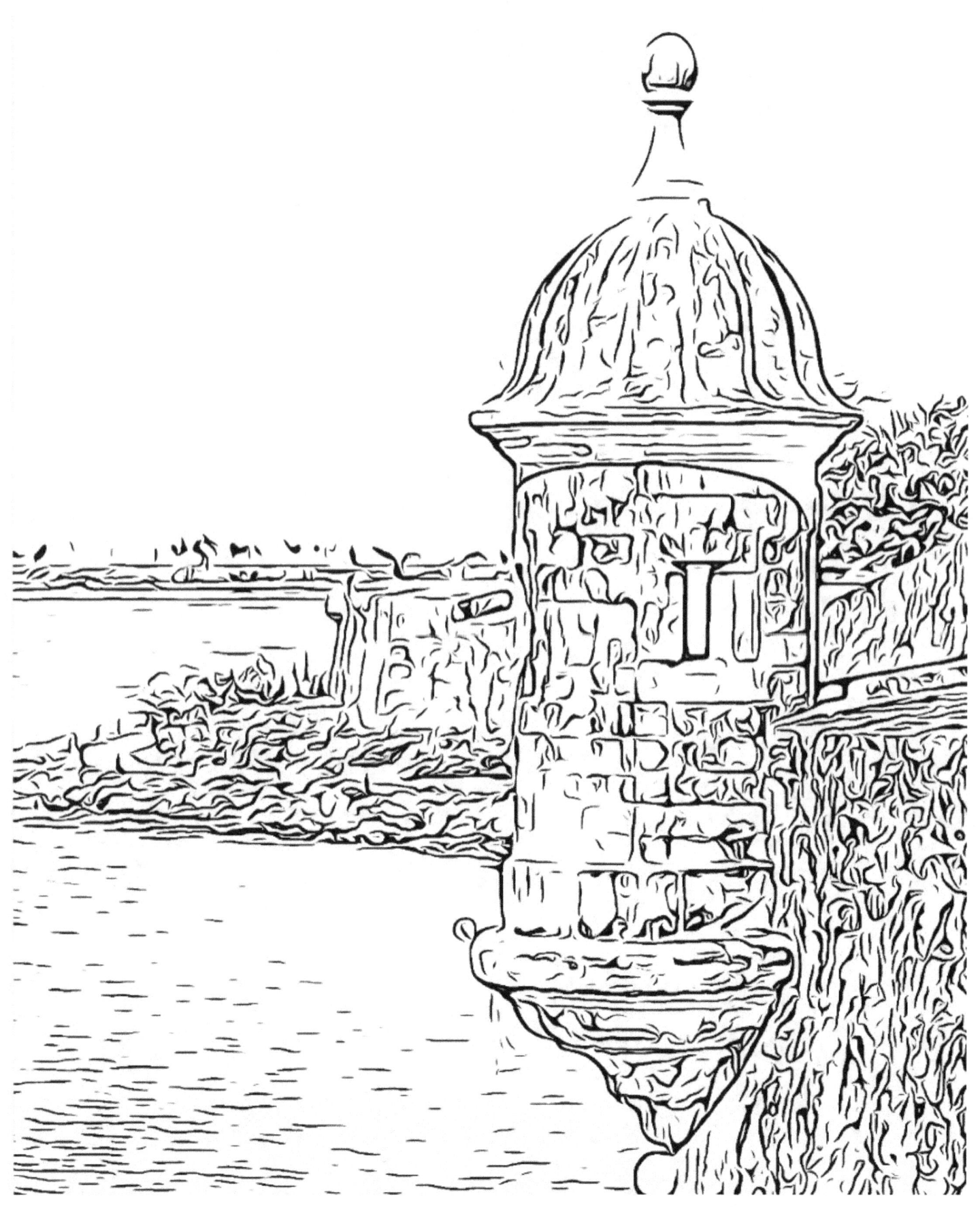

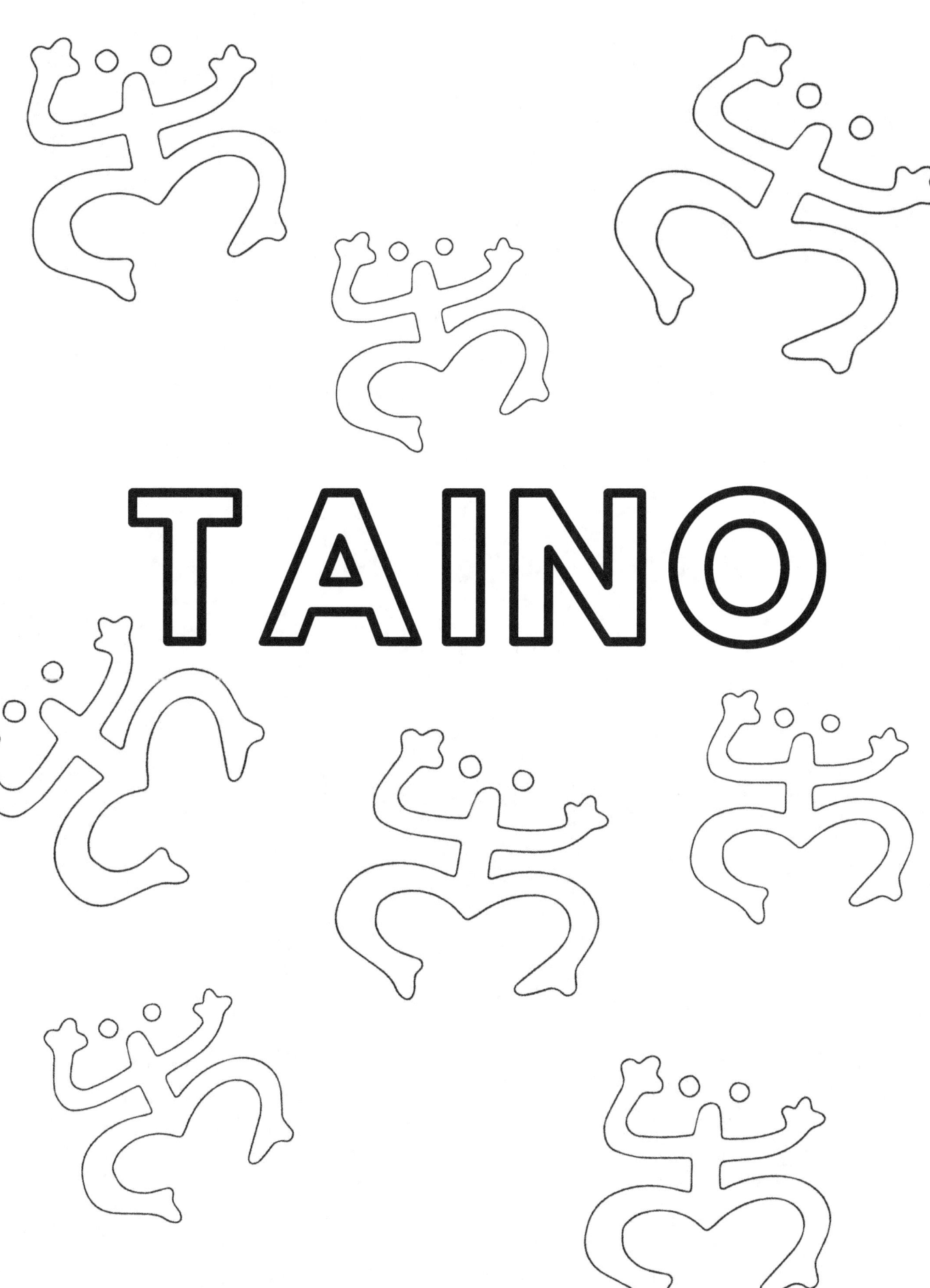

TAINO

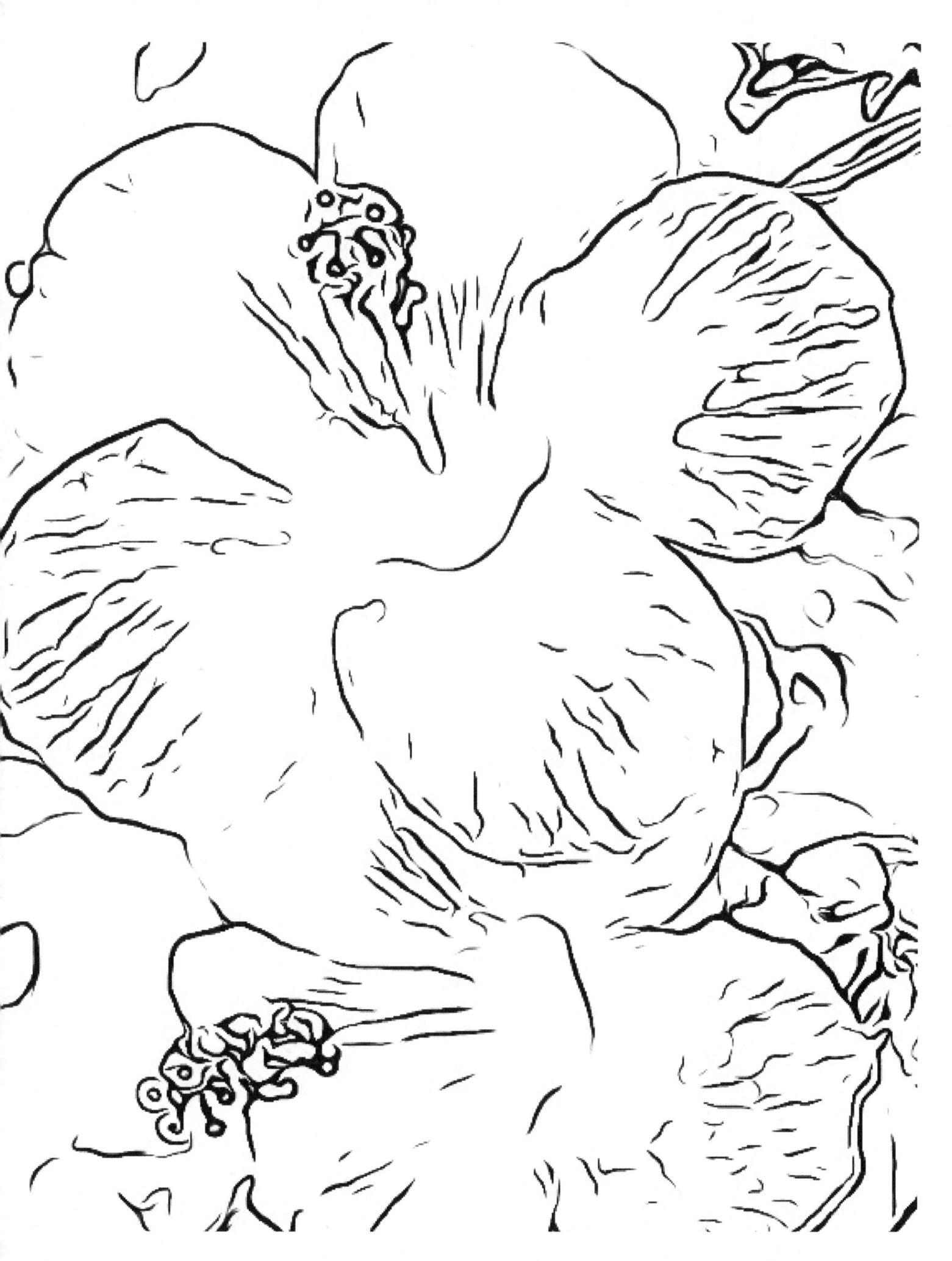

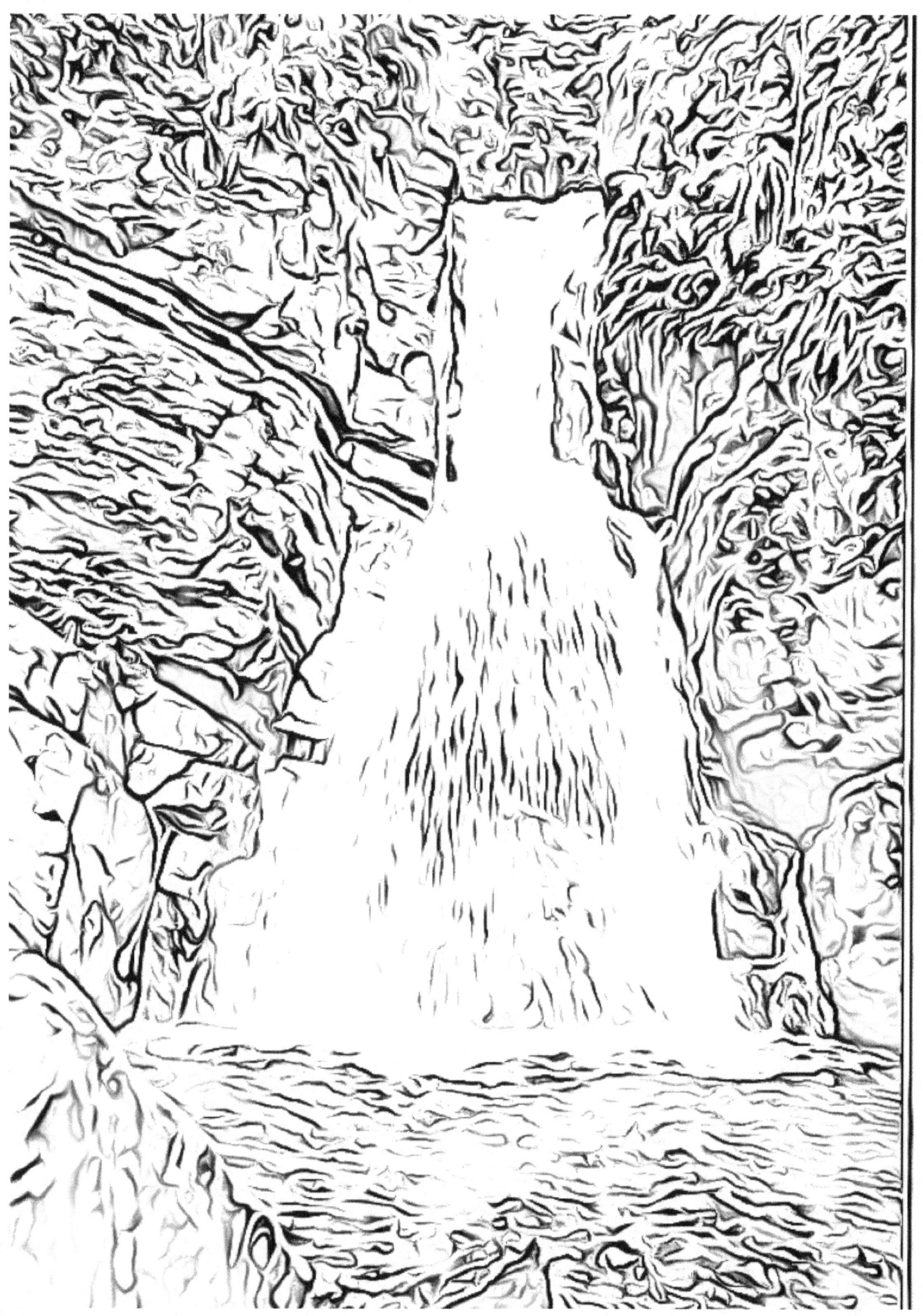

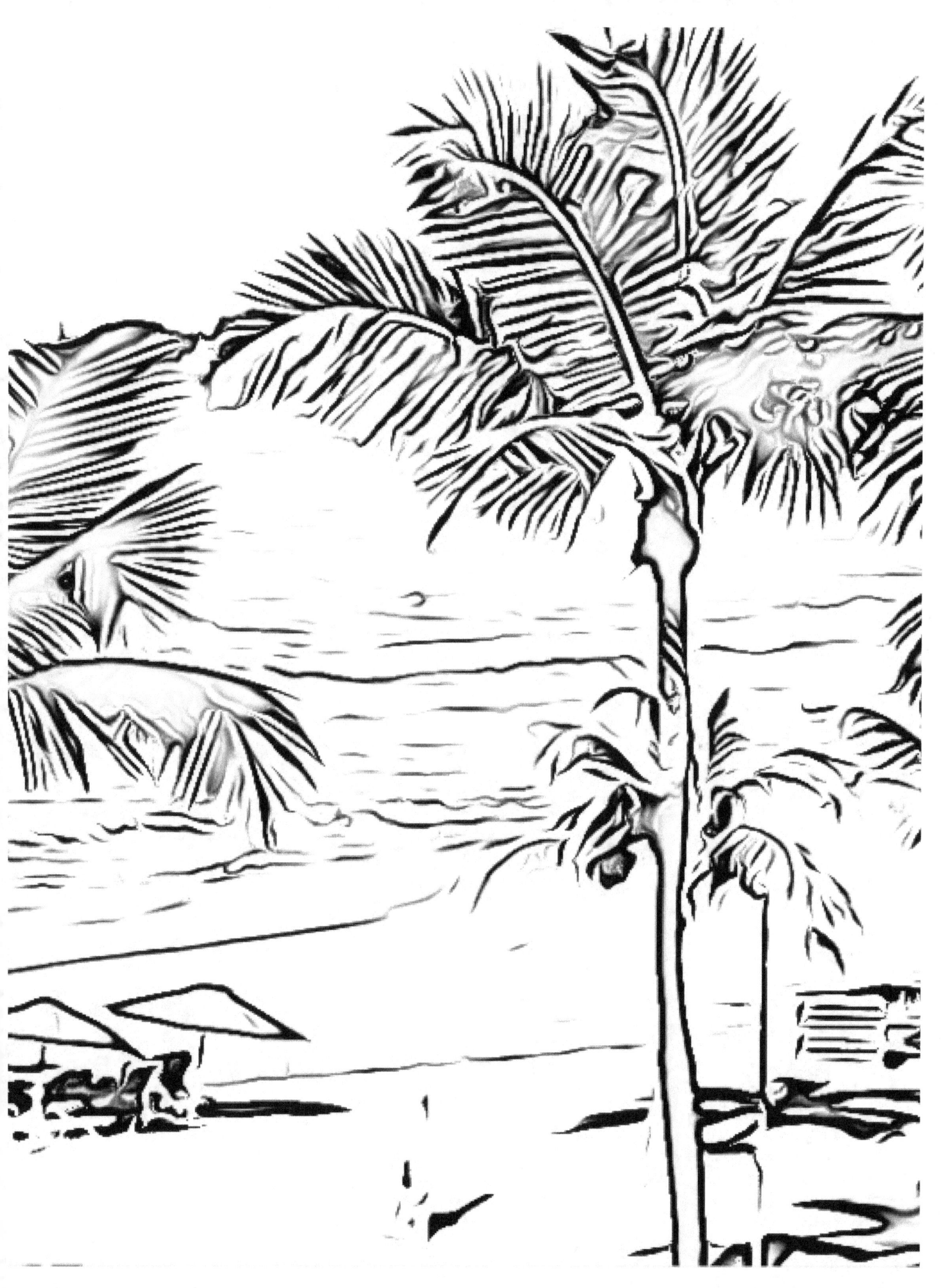

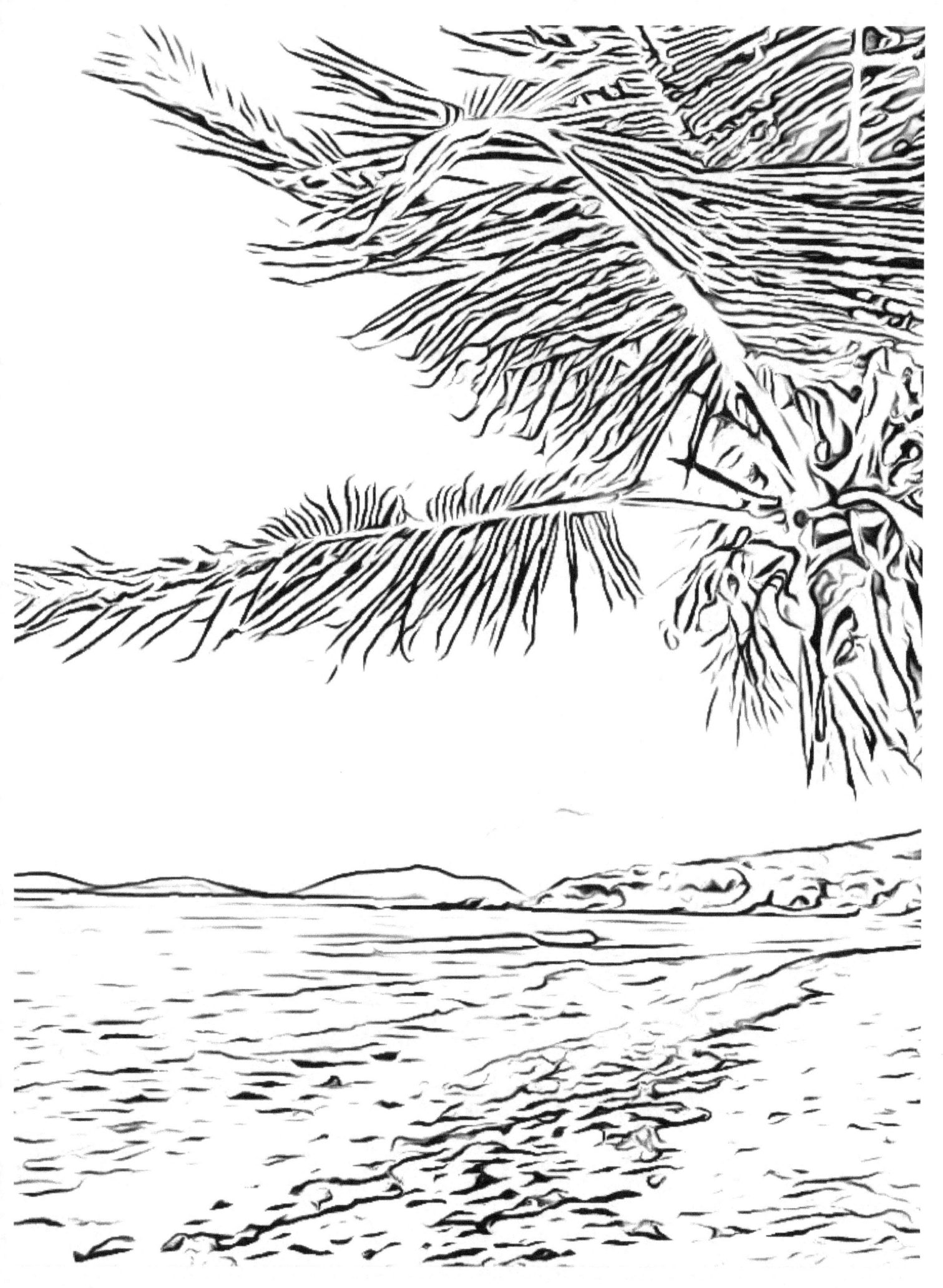

ADJUNTAS   ARECIBO

SAN JUAN   CAMUY

CATAÑO   BAYAMÓN

MOCA

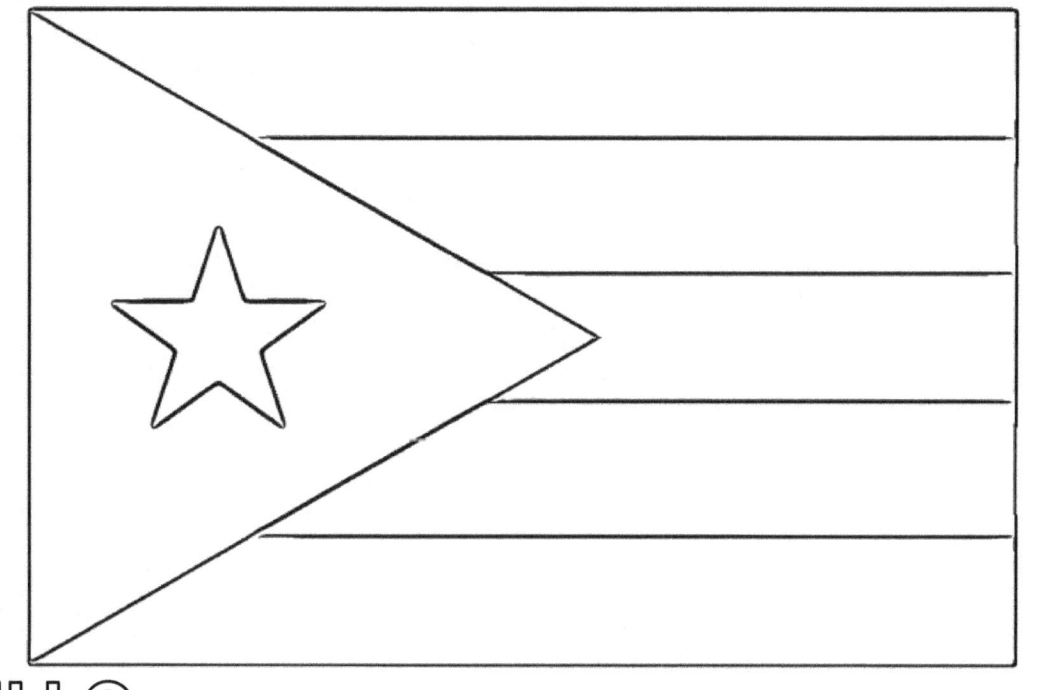

DORADO

HUMACAO

LUQUILLO   LA PERLA

PONCE

AGUADILLA

PATILLAS   ISABELA

GUAYNABO

CAROLINA

VIEQUES   MAYAGÜEZ

JUNCOS

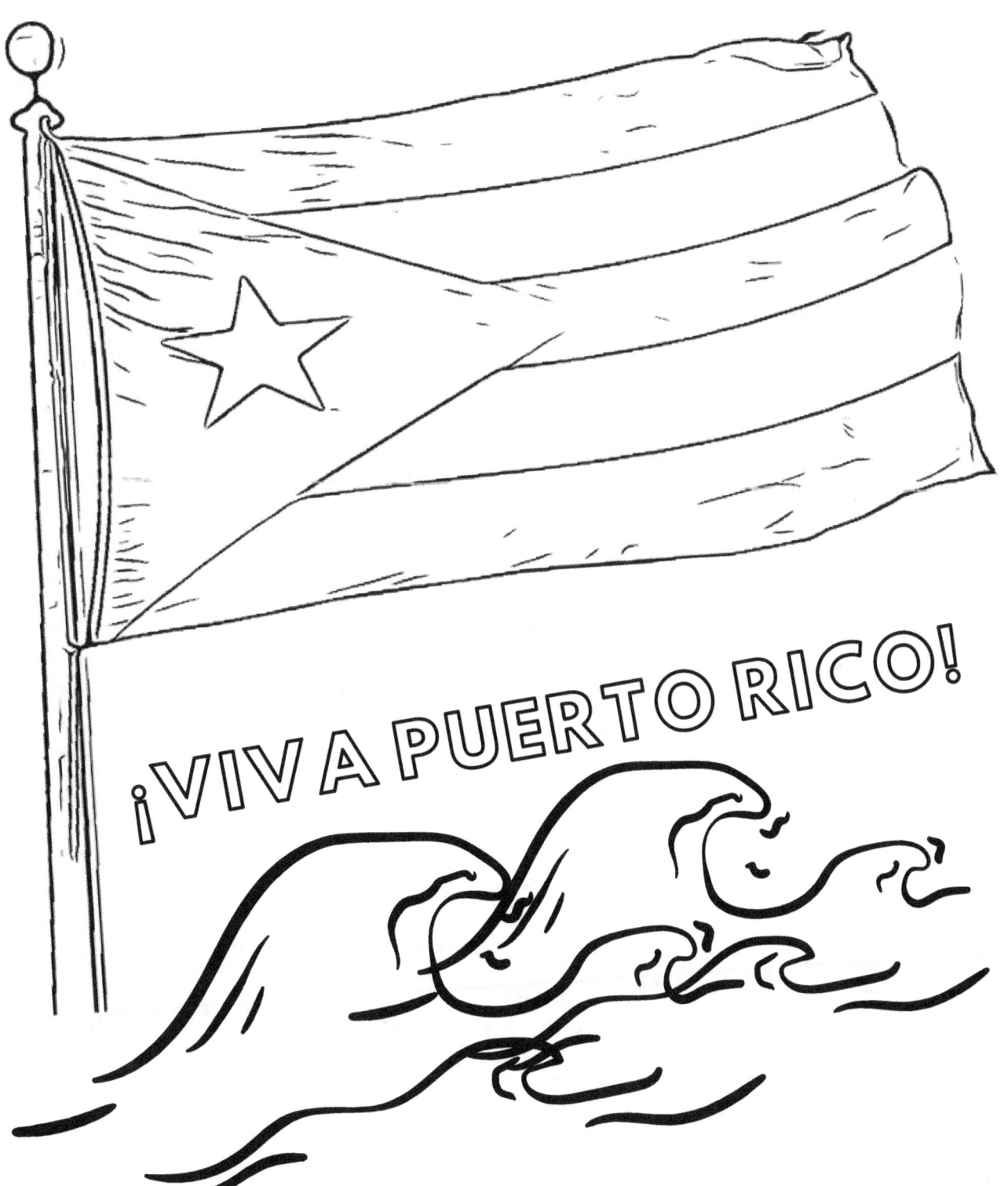